AF360984

OBSERVATIONS

SUR

L'OPUSCULE INTITULÉ

PAIMPOL

ET

SES ENVIRONS

PAR

UN INSTITUTEUR

DU CANTON DE PAIMPOL

TRÉGUIER

IMPRIMERIE DE A. LE FLEM

1873

OBSERVATIONS

SUR

L'OPUSCULE INTITULÉ

PAIMPOL

ET

SES ENVIRONS

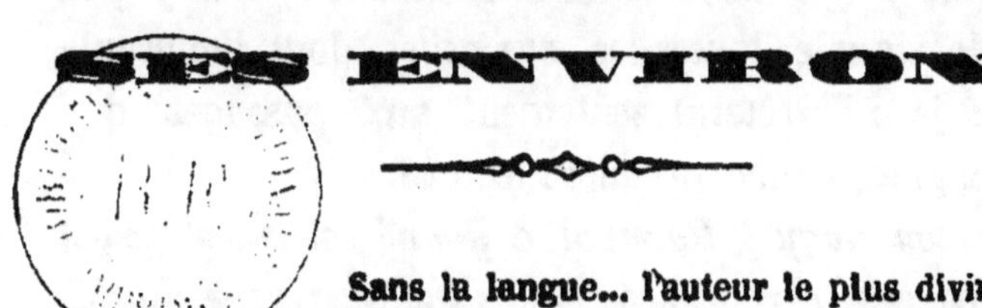

Sans la langue... l'auteur le plus divin

Est toujours, quoi qu'il fasse, un méchant écrivain.

BOILEAU, Art poét., Chant 1ᵉʳ.

Comme Instituteur, M. Le Rochais occupe un poste de choix. Il y a quelques mois à peine, tout semblait lui sourire. La considération publique s'attachait de plus en plus à sa personne.

Fallait-il qu'il portât lui-même la première atteinte à cette situation exceptionnelle !

Pourquoi s'est-il si malheureusement exposé aux risées de ses compatriotes en leur offrant ce qu'il a appelé *Paimpol et ses Environs* ?

Il n'ignore pas aujourd'hui que sa brochure est moins

propre à créer une renommée littéraire, qu'à déverser le ridicule sur le corps des Instituteurs, dont il est un membre influent.

Pénétré de cette vérité, je me décide à publier ces *observations*: je ne puis porter en silence le poids d'une responsabilité que je n'ai pas assumée. — A chacun ses actes !

L'auteur de *Paimpol et ses Environs* a fait de notre pays un véritable labyrinthe. Le touriste s'égarerait infailliblement dans ce pêle-mêle sans cohésion où les incorrections et les erreurs se donnent la main. Aussi bien, n'ai-je pas entrepris de signaler toutes les *curiosités* dont l'opuscule est semé : je m'arrêterai seulement aux passages que j'avais soulignés à une première lecture.

« *Le canton auquel Paimpol a donné son nom*, est-il « dit à la page 5, (1er alinéa,) *est situé au* **nord** *du dé-* « *partement des Côtes-du-***Nord***. — Il est borné au* « **nord.** »

Trois *nord* dans la même ligne : quelle sonorité !

« *Il* (le canton) *est borné au nord et à l'est par la Man-* « *che, au sud par les communes de* **Plouha**, **Lanloup**, **Plé-** « *hédel, Lanleff et Quemper-Guézennec; ces deux der-* « *nières séparées par le Leff, à l'Ouest par* **Ploëzal et** « **Pleudaniel**, *séparées par le* **Trieux**. »

Ploëzal n'est pas *séparé* de Pleudaniel par le Trieux. L'auteur a probablement voulu dire que la rivière *sépare* ces deux communes du canton de Paimpol. Mais alors, que signifie le mot *séparées* appliqué dans la ligne précédente à Lanleff et à Quemper-Guézennec ? — Jusqu'ici, l'affluent du Trieux ne limitait pas notre canton du côté de Lanleff. Est-ce que notre confrère aspirerait à la célébrité du vieil Hercule, puisqu'il s'amuse à détourner ainsi les rivières ?

La page 6, (1er alinéa,) nous apprend que « *le canton de « Paimpol, où l'agriculteur sait si bien profiter des engrais « qui sont à proximité, ne peut manquer d'être très-pro- « ductif, et ce n'est pas* **non plus sans raison** *qu'il « est classé au nombre des plus* **riches,** *puisque, à la « fertilité du sol, viennent encore se joindre les richesses « que lui procure la marine.* »

Le mot *riches* attend... un complément quelconque. — Et ce *non plus sans raison,* pourquoi vient-il augmenter encore l'embarras de ces tournures ? La pauvreté de la forme fait oublier la richesse du fond.

Un peu plus bas, (même page,) il est question du « *chemin qui va de la baie de Bréhec à Lannebert* **dont** « *une partie se trouve sur le territoire de Plouézec.* »

Remarquons ce pauvre *dont,* qui paraît fort mal à l'aise dans la position peu correcte qui lui est faite. A qui fera-t-il croire qu'une « *partie de Lannebert se trouve sur le « territoire de Plouézec ?* »

Le dernier alinéa de la même page nous représente le pays de Paimpol comme *unique* pour la beauté des sites.

« *Où, en effet,* dit la brochure, *trouver ailleurs réunis « en un même tableau, une mer d'où émergent plus d'îlots « et de rochers, des coteaux plus fertiles et plus riants « que ceux de Guilben et de Ploubazlanec ?...* »

Il est facile de répondre à cette question quelque peu

téméraire. Si l'auteur voulait profiter de la belle saison pour visiter les côtes de Bretagne depuis le mont Saint-Michel jusqu'à Saint-Nazaire, il verrait, sans sortir de son pays, quelque chose de bien supérieur. Nous citerons seulement le Mont-Dol, Cancale, Dinard, Paramé, etc.:

Nous ne dirons rien des « *riants et fertiles coteaux de* « *Guilben et de Ploubazlanec.* »

A force de les *contempler* on finit peut-être par ne plus voir les pauvres chaumières dont ils sont décorés et les landes qui les couvrent encore en partie !

Voilà de la Géographie. — Voici de l'Histoire.

Monsieur Le Rochais « *doute* (page 7, 6e alinéa,) *que la* « *commune de Paimpol ait donné le jour à quelque person-* « *nage remarquable par ses talents ou ses vertus. Le* « *génie, il est vrai, dit-il, sort parfois de bien bas...* »

Voilà une singulière façon de chatouiller l'amour-propre des Paimpolais ! L'auteur se montre peu délicat à l'égard de sa patrie adoptive.

Mieux valait, à notre avis, recueillir et mettre en relief tout ce que Paimpol a produit de grand, de noble, de beau ; tout ce qui peut devenir une source de sève pour le talent et la vertu.

Notre confrère croit probablement justifier ses procédés, en affirmant, dans l'alinéa suivant, « *que la condition* « *dans laquelle se trouvaient les habitants de Paimpol* « **il y a deux ou trois cents ans** *était peu propre* « *au développement de leur intelligence dans les sciences*

« *et dans les arts. En effet*, ajoute-t-il, *presque tous*
« *s'occupaient à travailler durement la terre ou se livraient*
« *à l'exercice de la pêche, sans parler du joug sous lequel*
« *leurs seigneurs les tenaient courbés.* »

Comprend-on bien que Paimpol n'ait pas donné le jour
à quelque personnage remarquable, *par la raison* que ses
habitants s'occupaient, « *il y a deux ou trois cents ans, à*
« *travailler durement la terre*, etc. ? » — Et depuis deux
ou trois siècles, depuis surtout que les *immortels principes*
sont venus soustraire la petite ville au *joug de ses seigneurs,*
quel usage a-t-elle fait de sa liberté ? Son sol serait-il donc
si ingrat que les siècles ne suffiraient pas à l'améliorer ?

Le langage de notre confrère nous autorise à le croire.
Cependant, la brochure se charge elle-même de nous
donner une preuve du contraire : la page 8 cite quelques
personnages remarquables nés à Paimpol. Peut-être pourrait-on en dresser une liste plus complète.

D'un autre côté, l'auteur semble croire que la vertu ne
peut venir que dans un milieu propre au développement des
facultés intellectuelles. C'est faire bon marché des leçons de
l'histoire et se mettre en contradiction avec la doctrine ca-
tholique.

Depuis le pêcheur de Galilée jusqu'à Benoît-Joseph Labre,
cet obscur pèlerin récemment élevé sur les autels, combien
de personnages, placés dans les conditions les plus humbles
au sein du catholicisme, se sont rendus *remarquables* par
leurs vertus !

Mais abandonnons la petite *cité* et allons respirer l'air pur
de la plaine et des coteaux.

« *Non loin de la Chapelle-Neuve, sur la route de*
« *Plourivo à Plounez, on remarque une croix de forme*
« *anglaise, sur laquelle on croit lire le mot* **expugnavit**
« *(il a vaincu), qui semblerait attribuer à ce monument*
« *une destination commémorative.* » (Page 8, 4e alinéa.)

Les croix plates, formées d'une seule pierre, ne sont pas rares en Bretagne, surtout dans le Morbihan. Plusieurs de ces monolithes remontent probablement au-delà du Xe siècle. D'après certains auteurs, celui de la Chapelle-Neuve est destiné à perpétuer le souvenir d'une victoire remportée en cet endroit, en 937, par Alain Barbetorte, qui culbuta dans le Trieux des Normands qui ravageaient le pays.

Si notre confrère admet cette assertion, il devait le dire. — Dans le cas contraire, il eut été plus naturel d'attribuer à une inspiration chrétienne l'inscription *qu'on croit lire* sur ce monument. Le mot *expugnavit* serait fort bien placé sur toutes les croix du monde. Il rappellerait d'une manière spéciale la grande victoire que le Christ a remportée en mourant.

L'instrument de cette victoire, c'est la croix. Depuis 18 siècles elle est pour le chrétien *un monument commémoratif* par excellence. En lui donnant ce nom, un auteur ne risque guère de se compromettre...

Mais continuons notre excursion. « *A Lancerf on voit*
« *une élévation de terre recouverte de broussailles. Sa*
« *forme est un ovale assez régulier ; s'il faut en croire les*
« *habitants, ce tertre recouvrirait la tombe de quelque*
« *grand personnage inhumé là du temps des Druides. Je*

« *ne pourrais rien apporter comme preuve de cette allé-*
« *gation.* » (Page 8.)

Le ton de ce morceau donne la mesure de la science archéologique de l'auteur. Voilà donc les bonnes femmes de Lancerf appelées à donner leur avis relativement à un monument celtique ! C'est passablement plaisant. — Pourquoi ne pas signaler simplement le *tumulus*?

Le deuxième alinéa de la même page parle des ruines de Castel-Auffret. C'est un « *ancien château féodal dont l'his-* « *toire est restée enveloppée d'un certain mystère. Vrai-* « *semblablement, ce lieu a dû être détruit d'une manière* « *violente, car,* **mêlés** *aux débris qui subsistent encore,* « **on** *trouve quantité de* **charbons et bois car-** « **bonisés.** »

Il est des termes envers lesquels notre confrère se montre sans pitié. Voyez-vous la piteuse figure de ce malheureux *on,* jeté en dépit de la grammaire au milieu des débris de Castel-Auffret ? Si ON est obligé de se laisser maltraiter ainsi pour le plaisir de *contempler* quelques masures, ON ne voudra certainement plus se hasarder au milieu de ces ruines. — Et quelle est donc cette nouvelle distinction qu'il faudra désormais établir entre « *charbons et bois carbo-* *nisés ?.. »*

La page 9, après nous avoir promenés dans les coins et les recoins du canton, affirme d'un ton fort grave que M. Le Rochais a « *en vain fouillé l'Histoire de Bretagne de* « *d'Argentré, sans pouvoir y découvrir de quels* **évé-** « **nements importants** *la commune a été le théâtre.* »

Il faut deviner... que cette *commune* n'est autre que celle de Paimpol. — Elle attrape en passant ce nouveau compliment : c'est du superflu.

Puisque les histoires les plus autorisées ne racontent aucun « *événement important dont Paimpol ait été le théâtre,* » pourquoi en parler?

Les *mots* semblent consoler l'auteur de l'absence des *choses :* ce n'est pas d'un historien. Que les Anglais, dans leurs courses à travers le pays, aient commis quelques déprédations dans un village de serfs et de pêcheurs, c'est *très-possible;* mais, franchement, peut-on dire que ce soient là des « *événements importants?* »

L'alinéa suivant, page 10, avance avec la même imperturbabilité que « *d'importants travaux de fortifications ont été réalisés depuis peu à Bréhat.* »

Les hommes spéciaux prétendent, au contraire, que ces fortifications ne sauraient opposer une résistance appréciable à l'artillerie nouvelle.

Qui faut-il croire?

Laissons passer le nom de *solitaires* donné (page 16, 4e alinéa,) aux *cénobites* qui durent quitter l'île Maudez en 878, et arrivons à la page 17, qui parle des ruines de l'Abbaye de Beauport.

« *De ces ruines, l'ancienne salle capitulaire et l'ancienne* « *sacristie sont surtout remarquables, notamment la* « **première** *par sa voûte dont les arceaux retombent* « *sur un pilier central.* »

Il y a là une erreur. Ce n'est pas la voûte de la salle capitulaire, mais bien celle de la sacristie qui est soutenue par un pilier central. — Le chapitre est une vaste pièce rectangulaire, divisée par un rang de colonnes, dont les chapiteaux reçoivent les nervures de la voûte. — La sacristie est à peu près carrée et moins considérable.

Au bas de la même page il est raconté que, « *d'après* « *une version assez accréditée dans le pays, Saint-Riom,* « *dans des temps fort reculés, aurait fait partie du* « *continent.* »

Ainsi soit-il ! — Mais un Historien-Géographe ne devrait pas se borner à reproduire les *versions* qui circulent dans le pays ; il devrait surtout s'attacher à la recherche de documents certains, et se refuser à accepter tous ceux dont la faiblesse ou le doute peut entacher l'autorité.

Que vaut le *criterium* que l'auteur pose à l'appui de sa version ?

« *On voit aujourd'hui encore,* dit-il, *dans cette partie* « *de l'île qui regarde Paimpol un terrain que baigne la* « *mer et où se trouvent quantité d'ossements humains.* »

Le dernier alinéa de la page 15 nous a déjà appris qu' « *en 1198, Innocent III prit sous sa protection le mo-* « *nastère de Saint-Riom, en l'île de Carohenes, et les Re-* « *ligieux de Saint-Victor qui y étaient établis.* »

Ces bons Religieux étaient-ils donc immortels ? S'il en avait été ainsi, nous en saurions quelque chose : plus d'un habitant de *Pen-Poull* aurait certainement pris le froc à Carohenes...

Le terrain dont parle la brochure est, tout simplement, l'ancien cimetière des moines.

Chercher à expliquer autrement la présence d'ossements

humains à Saint-Riom, c'est ouvrir la porte à nombre d'objections auxquelles il ne serait pas facile de répondre. Notre confrère pouvait appuyer sa *version* sur des preuves plus solides. Que n'a-t-il cité, par exemple, l'acte de donation passé en 1202 entre Alain d'Avaugour et les Religieux de Beauport; acte d'où il résulte qu'à cette époque, l'espace compris entre Saint-Riom et Beauport était presqu'entièrement couvert de prairies?

A la page 18, (5ᵉ alinéa,) nous lisons : « *Relevons ici* « *maintenant deux événements* **à jamais tristement** « **célèbres...** »

A ce langage solennel l'on s'imagine qu'il s'agit d'*événements* qui ont renversé des empires ou bouleversé des nations. — Illusion !

Les horreurs de quelque Saint-Barthélemy vont-elles donc se dérouler devant nos yeux ? — Pas davantage !

Ces événements *à jamais tristement célèbres* sont :

1º Le choléra de 1832, qui enleva le vingtième environ de la population paimpolaise; et 2º le naufrage du corsaire La Levrette, naufrage qui eut lieu en 1796 à l'entrée du Raz de Bréhat. Des 28 personnes qui y perdirent la vie, 9 seulement étaient de Paimpol...

Autrement terribles sont, hélas ! les malheurs qui viennent de frapper nos pauvres Islandais. Cependant, aucun *historien* n'osera dire que ces sinistres maritimes sont « **à jamais tristement célèbres.** »

Mais, voici l'un des passages les plus curieux de la brochure. (Page 21, 4ᵉ alinéa.)

« *Vers les premiers jours de mars, c'est-à-dire avant*
« *le départ des* **nombreux marins** *qui font la pêche*
« *d'Islande, il se célèbre à Paimpol un acte religieux qui*
« *ne manque pas d'une certaine poésie, je veux parler de*
« *la bénédiction solennelle de* **ces navires.** »

Si cette phrase a une signification, elle ne peut offrir
qu'un sens : *ces navires* ne sauraient être que les nombreux marins dont il est parlé plus haut... — Nous nous
ferons une fête d'assister l'année prochaine à cette « *poé-*
« *tique cérémonie.* »

L'auteur n'est guère plus heureux quand il décrit des
objets d'art. Il « *mentionne* (pages 21-22) *une statue en*
« *terre cuite représentant le Sauveur du monde dans une*
« *position de corps des plus naturelles, et montrant aux*
« *hommes pour récompense la demeure de son Père. Il*
« *tient de l'***autre*** main sa robe relevée gracieusement, et*
« *a l'air de jeter sur nous un regard d'une bonté parfaite.* »

Se figure-t-on le Sauveur dans une position de corps des
plus naturelles... ayant l'air de nous regarder... et tenant
de l'*autre* main sa robe relevée gracieusement?

L'art a autant à gagner que la littérature à cette déso-
lante exhibition. Ce n'est pas en transcrivant des *rensei-*
gnements ou en compulsant des *bouquins* qu'on peut mettre
la main sur ces jolies choses...

La vérité est que la statue précitée est au-dessous du mé-
diocre comme œuvre religieuse, et peu digne d'occuper une
place à côté de l'autel. On s'étonne, vraiment, que quelqu'un
ait pu trouver sa pose « *des plus naturelles.* »

Les églises des paroisses rurales du canton ne semblent guère intéresser notre confrère. Il y consacre dix lignes de sa prose la moins soignée. — Lisons :

« *Le canton de Paimpol compte plusieurs églises ré-*
« *cemment édifiées et relativement belles : ce sont celles de*
« *Plouézec, où se trouve un très-beau lutrin attribué à*
« *Corlay, de Kérity, d'Yvias et de Plourivo,* **où l'on**
« *remarque de belles et fraiches copies de la* **Vierge de**
« **Murillo** *et* **un Christ de Proudhon.** »

Le mot *où* désigne aussi bien les églises d'Yvias et de Kérity que celle de Plourivo. Chacune de ces trois églises ne possède cependant pas une copie de la Vierge de Murillo et UN Christ de Proudhon.

— Où trouver ces tableaux ?

Dans ce qui a trait aux chapelles, c'est la même incorrection ramenant les mêmes équivoques. — La page 23 nous parle « *des chapelles de la Trinité, de Saint-Maudez,*
« **appartenant** *à M. Nouël de Kertanouarn, — de*
« *Loguivy, de Saint-Jean,* **appartenant** *à M. de La*
« *Nouë, en Ploubazlanec, — de Saint-Ambroise, de Ker-*
« *maria,* **appartenant** *à Madame de Floyd, de Saint-*
« *Jean, de Lancerf, (autrefois desservie par des moines*
« *de l'île Verte et ayant une date moitié chiffres arabes et*
« *moitié chiffres romains)* **appartenant** *à M. Allenou,*
« *en Plourivo.* »

Qui est-ce qui pourrait saisir la vérité dans ce chaos ? Notre confrère est-il bien sûr que M. Allenou et Madame de Floyd possèdent tout le bien qu'il leur attribue ? — Il

peut être certain, du moins, que M. de Nouël n'est pas,
plus que M. le comte de La Nouë, propriétaire de deux
chapelles en Ploubazlanec.

Soulignons le mot *appartenant* qui revient jusqu'à quatre
fois dans ces quelques lignes : cela sent l'écolier de loin...

Il est regrettable que nos édifices religieux n'aient pas été
traités avec plus de soin et de dignité. Mieux valait n'en
rien dire.

En revanche, l'auteur consacre 5 pages de son opuscule
à nous renseigner sur les *trente-six pardons* du pays !

A la bonne heure !

Comment pourrait-on ne pas reconnaître cette insigne
gracieuseté ?

Nous voici enfin au chapitre de l'Instruction. Quoique
notre confrère y soit dans son élément, ses appréciations
manquent parfois d'exactitude.

Après avoir assigné au canton de Paimpol le rang qu'il
occupe dans le département pour l'Instruction primaire, la
brochure nous entretient des « *progrès sérieux dus aux*
« *cours d'adultes, cette importante innovation de M.*
« *Duruy.* » (Page 24 , 2e alinéa.)

L'innovation de M. Duruy a son importance au point de
vue du traitement des Instituteurs ; mais on parle trop des
« *progrès sérieux dus aux cours d'adultes.* »

De l'aveu des personnes les plus compétentes, les classes
du soir n'ont guère diminué en France le nombre des

illettrés, et n'ont pas, par conséquent, répondu aux es-
pérances de leurs promoteurs. Quelques jeunes gens s'y
rendent pour se désennuyer; d'autres pour perfectionner des
connaissances déjà acquises ; mais fort peu pour apprendre
à lire.

Aussi bien, malgré le zèle déployé par les maîtres, les
listes de recrutement accusent encore, dans nos communes
rurales, 30, 40 et même 50 jeunes gens sur 100 ne sachant
ni lire ni écrire : les illettrés ne fréquentent pas les cours.

Est-ce à dire que les classes du soir ne produisent aucun
résultat ? Je ne voudrais pas l'affirmer; seulement, il serait
peut-être bon de ne pas trop y compter pour préparer cet
« *avenir de la France* » dont il est parlé à la page **24**,
(4e alinéa.)

Le même alinéa nous apprend que les élèves actuels de
notre confrère, adultes ou autres, ne sont encore qu'*appelés à devenir la génération prochaine.*

On parle quelquefois de la génération actuelle, de la jeune
génération, de la génération qui s'élève, etc. — Mais des
jeunes gens *appelés à devenir la génération prochaine* !...

Décidément, on ne pourra pas accuser *Paimpol et ses
Environs* d'être une œuvre dépourvue d'invention.

A partir de la page 25, l'opuscule n'accuse plus que le
travail matériel de M. Le Rochais, qui avait à sa convenance
les archives du pays. D'abord, ce sont des *renseignements
recueillis près du Comice agricole;* plus loin des documents

relatifs à la chambre de commerce, au bureau de bienfai-
sance, au bureau de charité, etc., etc.

Nous n'examinerons pas ces pièces, dont la rédaction
n'est pas de notre confrère. On pourrait retourner le mot de
Buffon : *Ce style, ce n'est plus l'homme.*

Quatre pages sont entièrement couvertes de noms propres.
Je les parcours respectueusement, puis je rencontre un
dernier échantillon du *genre primitif :* c'est le digne cou-
ronnement de l'œuvre.

OYEZ PLUTÔT :

« *En terminant cet opuscule, nous accorderons un*
« *souvenir de reconnaissance aux hommes généreux qui*
« *ont contribué à la prospérité du pays, et nous respec-*
« *terons à jamais leur mémoire.* »
En terminant... nous respecterons à jamais ! Joindre les
deux bouts de cette phrase est un tour de force que tout
le monde ne pourrait pas réaliser : notre confrère est un
homme que les difficultés du vulgaire n'embarrassent point.
Jamais il ne l'a mieux prouvé qu'en se donnant la mission
quelque peu délicate de « *résumer le programme de l'œuvre*
« *qui est spécialement dévolue à ceux qui sont préposés à*
« *la garde de nos intérêts matériels, moraux et intellec-*
« *tuels.* » (Page 46, 2e alinéa.)
Les *réac...* disent que c'est prétentieux de la part de
l'auteur. — D'autres, plus au courant des idées du jour,
trouvent qu'il est simplement expert dans l'art de grouper
les mots vides et sonores. Que de fois, en effet, n'a-t-on

pas exploité la bêtise humaine en parlant du « *dévelop-*
« *pement de la richesse publique, de la diffusion des*
« *lumières et de la moralisation des masses.* » (Page 46,
2e alinéa.)

Ces *lieux communs* changent de signification suivant les
lèvres qui les prononcent ou la plume qui les écrit. C'est un
jargon dont quelques-uns mettent partout, excepté dans
leurs actes.

Je m'arrête et me résume. — Faut-il que je me sois
astreint à un examen si rapide de *Paimpol et ses Environs* !

Ce « *petit travail* » indigeste arrive à 54 pages, dont 42
ou 45 à peine sont de la façon de M. Le Rochais. De ces
dernières, pas une où l'on ne puisse signaler quelque
défectuosité de nature à discréditer un auteur.

A l'heure qu'il est, notre confrère ne peut que regretter
son empressement irréfléchi à jeter sa prose aux quatre
vents.

Bien souvent, sans doute, à l'exemple du corbeau de
notre fabuliste, il a déjà

« Juré, mais un peu tard... qu'on ne l'y prendrait plus! »

UN INSTITUTEUR

Du canton de Paimpol.

Tréguier. — Imprimerie de A. LE FLEM.